# LA PROHIBICIÓN DE LAS UVAS
## EN LA ÁSPERA PATRIA

# LA PROHIBICIÓN DE LAS UVAS EN LA ÁSPERA PATRIA

ÁNGELA G. ALDAMA

Valparaíso
EDICIONES

Número 565 de la Colección VALPARAÍSO DE POESÍA
dirigida por FEDERICO DÍAZ-GRANADOS

Diseño y maquetación: Chari Nogales
www.charinogales.com @chari_nogales
Imagen de portada: Ángela G. Aldama

Primera edición: abril de 2026

C/ Fray Leopoldo, 7 Bajo 18014 Granada
www.valparaisoediciones.es

ISBN: 979-13-88007-49-1
Depósito Legal: GR 378-2026

Impreso en España - Printed in Spain
Gráficas Gami

*Para Tomás y Milagros, con amor, siempre.*
*Para papá y*
*mamá, en la tierra y en el cielo.*
*Para Amada,*
*Alfredo, Ana y Aldonza,*
*mis hermanitos*
*traviesos.*
*Para las*
*honorables mujeres que no abandonan*
*a sus seres*
*queridos en reclusión.*

*A quien dices tu secreto, das tu libertad*
FERNANDO DE ROJAS


*Suave Patria permite que te envuelva*
*con la más honda música de selva*
RAMÓN LÓPEZ VELARDE

# INTERIORES

Áspera patria
me raspas lana
etiqueta en mi espalda
*Made in México*
caliente, contaminada,
araña fabricante de sudarios
ayudante de la Santa Muerte
atrapas en madrigueras de cemento
 a ladrones, asesinos
 amantes golpeadores
a incautos profesores
que sentaron a Lolita entre sus piernas.
Conejos sin reloj y sin Alicia
pulidores de luz embaldosada
sin oficio, sin sentencia,
vestidos de ¿lujo silencioso?
La ley dicta la moda insípida
la hostil arquitectura
donde las visitas amadas
novias, hermanas
viejas madres, ¡pobres viejas!
son una desafiante impertinencia,
repartidoras de dádivas
 noticias y recuerdos
dentro de este amargo caramelo
llamado reclusorio.

A mi hermano se lo llevaron
una mañana fría de febrero
cuatro ángeles judiciales
a comparecer por su pasado,
donde fue obligado a confesar
hasta los capítulos más intrascendentes
de su biografía amorosa.

El ministerio de los adivinos
en  loca audiencia
sin pruebas, sin testigos
con la boca  llena de billetes y expedientes
dictó sentencia:

ES CULPABLE.

Y la vida, las estaciones
la floración roja de las mujeres
la contemplación de los ancianos
las delicias siguen  su propia consagración
hermano
          ...      sin tu danza.

Visitando tu nuevo hogar en el inframundo
estrecho, con modales exquisitos
(que aprendí de nuestra madre a mi pesar)
la mano de tus compañeros de desgracia:
manos rugosas de los jardineros
que podaron la vida, de los pequeños ladrones
manos laboriosas de los licenciados
que aún huelen a tinta fresca
la mano inútil, suave, del burgués
que nada sabe hacer.

Se bebieron el sustento, la vid de un trago
de sus hijos, esposas y empleados;
desheredados, languidecen en los muros
pálidas criaturas malditas de invernadero;
eso pasa por jugarse la vida a los dados.

Los esqueletos se llenan
de sonidos infernales
cacofónicos, polirrítmicos
mezcla de cumbia, canción romántica, oda cristiana.
Afirmo que así suena la partitura escrita en las nalgas
del personaje aplastado por el laúd
en el cuadro del Infierno del Bosco.
Temo ser devorada por el enorme pájaro
que me ofrece manzanas y dulces
aplastada por una ristra de ajos
o arrollada por el desfile de payasos, guitarristas y magos.

La rebeldía del genoma
torció las hélices del libre albedrío
de estos hijos de su... resignada madre.

Observo y observo...
siempre hay nuevos detalles en este cuadro
del que no hay que perder de vista la salida.

Todos piden dinero
nadie pide pan.
El reverso de cada moneda
lleva una maldición de bolsillo.

## ANTES

bailabas   bailabas

bailabas        con las princesas en palacio        bailabas

bailabas        tú mismo        el príncipe que hacía piruetas

ahora        pareces un árbol        bailabas        bailabas

pura escenografía

un monje hierático no baila        bailabas

solo   limpias   cocinas   estudias        rezas        barres

bailabas                bailabas

Antes bailabas…

¿Cuántos círculos tiene el infierno de tu alma?
Cinco calendarios han perdido la cabellera de sus días.

En los cielos ha sucedido:
La gran conjunción entre Júpiter y Saturno
un eclipse total de sol, varios eclipses de luna
lluvia de estrellas Dracónidas y Gemínidas
paso del cometa Pons-Brooks y del cometa Atlas
auroras boreales causadas por una tormenta de sol
cuatro superlunas consecutivas…
¿qué más nos da?
Somos más tierra que polvo cósmico
cementerio de animales
contemplado por la vetusta luz viajera.

Caperucitas fieles
con canastas llenas de delicias
visitan a los lobos.
Amplia miscelánea de ellas:
caperuzas sin huellas digitales
borradas por el cloro
novias caperuzas
hermosas, vestidas de rosa,
jóvenes madres caperuzas
con bebés en brazos.
Sin reproches en sus labios
miradas de cervatillo manso
van de visita como quien va a una fiesta,
a besarse en un rincón
o dar vueltas y vueltas
abrazadas a su lobo
por el pequeño patio.
No tienen rabia,
pero sí temor,
a no pasar la escrupulosa revisión
de mercancías prohibidas,
no uñas ni pestañas postizas
no brasier con varillas,
desde luego negados los plátanos y las uvas,
susceptibles a primitivos fermentos.

Una anciana caperuza lleva tamales,
los Custodios dicen:
—No pasan, madre, ¿qué tal que llevan droga?
Su dulce voz se vuelve apocalipsis
su cuerpo menudo, el de un predicador evangélico:
—¡Mi Dios me mira, yo divulgo la palabra!, ¡jamás haría
esa trampa!
"Por esta vez pasa", dicen los Cancerberos burlones,
(qué magnánimos).
Estamos muy cansadas de ser Caperucitas
de que nos pongan las manos encima
de que revisen nuestros cuerpos y zapatos
para luego negar o aprobar
 el derecho a alimentar a los lobos.

Tome esto como atenuante, Señor Juez.

Estrellado estás
a lo mejor si hubieras leído el horóscopo…
…aunque en las revistas para hombres
jamás advierten sobre el peligro
como en los antiguos juegos de cartas adivinatorias
italianas:
   "Una bionda pérfida, *uomo biondo perverso, gelosia di donne,*
*pianti, perdita di denaro, cattive nuove*"

Los artículos tratan de cómo lograr más músculo, más
potencia sexual
cómo afeitarse para tener mejillas de bebé o combinar
camisa, saco y corbata,
con los colores del Pantone del año.

Quién me lo hubiera dicho, hermano,
que el primer día del otoño
me regalarías una amapola disecada
augurio doloroso
del tiempo que nos pule en este claustro.
Mantengo la superstición a raya
me obligo a ignorar
la sal, las escaleras,
las tijeras que se abren
a espaldas de  las golondrinas
presagios al vuelo
de las maestras meteorólogas,

los atados de escobas secas
las palabras de las brujas
que aún escucha Macbeth:
"Ningún hombre nacido de mujer podrá dañarte"
(las adivinas nada dijeron de las mujeres ni de los
nacidos por cesárea).
"Qué días tan viles y hermosos hemos pasado
jugando al Tarot con nuestras carnes".

Los amuletos y escapularios que regalan las madres
en algunos cuellos son simplemente
adornos extravagantes.
Las líneas de las manos
las borran los jabones.
A tu corazón de superchería
no hay quien lo limpie.
Ni cien rosarios podrían protegerte
ni mil crucifijos alejar La Muerte
compañera de este inevitable baile.
La inquina de las novias ofendidas
es casi tan fuerte como el amor
eterno de la madre que creyó
protegerte con la advocación
de la Virgen del Carmen.

Cronos,
padre colérico y castrante
de los presos, de los libros;
a unos los curte al sol
a expensas de los astros calientes;
a otros los arruina a mano
en la clandestinidad de las cárceles y bibliotecas.
El reloj nos lee cada día
con perversidad astronómica
desde la negra miopía del universo.
Sin excepción con o sin fortuna conseguida
cada noche
la nocturnidad
nos cierra.

Un hombre
sin su biblioteca
es un paria.

Visita número ¿? año X

Entre la bruma de baño
la aparición de un alacrán
de venenoso nimbo
antecede lo aciago del día.

Nunca es fácil visitar enfermos ni presos.

Hablamos de libros y noticias
de nuestras pequeñas miserias domésticas
pero caemos irremediablemente
en el pozo sin fondo del calendario
que hoy rige tu tiempo.
Me cuentas que soñaste con Lorca,
recuerdas sus fotografías disfrazado,
dibujas un cisne en cautiverio recordándolo.
"Un poeta no debería morir asesinado", dices,
te lastima la violencia de su muerte.
Trato de ser un buen payaso
hacer de cada visita una obra de arte;
a veces sale amargo el espectáculo
si la cerradura de humor no encuentra la llave.
Mi voz no llega a ser sinfonía
ni algodón ni bálsamo
solo soy el patético aedo
de sucesos estúpidos

periódico amarillento, grillo, hemiola y síncopa
anunciante de mendrugo, billete y moneda.

Por lo menos
a pesar del siniestro augurio del artrópodo
llegamos al final del viaje sin herirnos.

Ya se ejecutó varias veces "La Consagración de la Primavera",
varias generaciones de torcacitas han saludado
el verano en mi ventana,
el otoño ha escrito varias siniestras sinfonías
con las redondas semillas de los arces
y he llenado varios lacrimatorios con mis lloros blefaríticos
de invierno.

¿Cuántas estaciones más nos esperan?

Increíble que algo crezca en cautividad
que algo retoñe, pero sucede.
En una parcela pequeña, crece un jardín encantador.
Rudas amarillas como soles, lavandas medievales que
espantan las pestes,
suculentas y capuchinas, rosas y dalias bicolores, incluso
una nochebuena se ruboriza
a pesar de las 24 horas de luz al puro estilo Guantánamo.

Las Manos
descubren sus nuevas habilidades
injertar, cultivar, desbrozar
jugar al verde verdugo
en este lugar larvario.
Te dan lástima las mías
ajadas manos de violinista
sometidas a la domesticidad más ruin.

Me devuelves "La espuma de los días".
(¡qué habrá visto, dónde habrá dormido, quién habrá
hojeado mi querido tomo, lejos de mi biblioteca!)
Dentro, pusiste a dormir flores.
Hojas desecadas con gracia, algunas muy pequeñas
herbario ínfimo, infantil.
Boris Vian amablemente abraza los especímenes.

Leo los azares numéricos que las guardan:
Página 162

—Le prohíbo servir cangrejos para el almuerzo.
Flores de ciruelo.
Página 113
"¡Basta! – exclamó Ángel cortante".
Flor de caléndula.
Página 148
"Caía la lluvia fina y perniciosa; la gente tosía".
La primera Nochebuena teñida de vino joven.
Página 197
"Por la tarde llegaron los hombres. Traían numerosas
herramientas metálicas, punzones, ganchos y braseros".
Una lluvia de pétalos amarillos me moja las manos.

Tu libertad única es la de pasear por las líneas
de los libros, pensar y soñar.
En algún capítulo con mi propia letra, escribí :
"Me siento como un árbol que gime ante su propia muerte".

No sabemos quién vendrá a arrancarnos el corazón
o los pétalos
si nos envolverán en un libro, un periódico
o un sudario de plástico
o si seremos asfixiados por la simple jabonadura
de la lavadora.

Tu espíritu se afina, se trastoca
mitad Linneo, mitad Darwin.
Al fin tienes metros de tiempo, kilómetros de tiempo,
litros de tiempo, tiempo congelado en cubos
lava caliente de relojes fundidos, madejas de tiempo
para tu regocijo de botánico y entomólogo aficionado.
Eres el animal más grande del laboratorio
descubriendo el habla de las hormigas
escuchando el placer sanguíneo de las chinches
has visto cara a cara a Nosferatu en un mosquito
das de beber a mariposas moribundas,
me dices: "¿Sabes que a las abejas les gustan las caricias?".
La sensualidad gotea aún por las yemas de los dedos
más religiosos.

El panal que llevamos a la espalda
destila nuestras mieles esperanzadas de tacto
polen dorado, ávidas todas las especies desean
que se junten los espermas con los óvulos.

El diablo se divierte mirando por el microscopio.

Me sorprendes
una vez más
con un nuevo regalo de estación:
el cordón umbilical de una calabaza enorme
madera clara, casi una estrella
cultivada en tu parcela mínima.
Nada más tú, hermano, comprendes
mis perversiones botánicas,
esos regalos tan propios de las bestias
o de los niños pequeños a sus madres.
   Finalmente somos mitad huérfanos
   mitad románticos atormentados
   eternamente jóvenes Werthers
   quemando la milésima adolescencia.

Papá está en casa
viejo árbol de invernadero
él también se ha vuelto un niño padre huérfano
ya no puede salir solo, no lo hará nunca más.
Todos los días espera
tu llamada
tu silueta
bailando
franqueando
el quicio
de la puerta.

Egon Schiele estuvo veinte días encarcelado
unas naranjas, papel y lápiz
únicos vestigios del exterior.
¡Solo veinte días bastaron para mellar su alma indómita!
El joven pintor de escándalos,
de trazos sanguíneos y sexos abiertos
pintados en papel amarillo y temple,
morirá poco tiempo después, recién casado
un hijo suyo en el vientre de su mujer.
La novia llegó ataviada viralmente,
obsequio secreto de bodas.
                    ¿Por qué no fueron flores o manzanas?
La vergüenza también fue incurable.
Después de estos años,
¿cuánta inmunda pena acumula el espíritu?
Cada día que pasa, el mío
se parece más a una estufa cochambrosa.

También fuiste salvado por una naranja
el primer alimento después de horas de aislamiento
una a medio chupar, que sacaste de la basura;
la bienaventuranza de los cítricos
que salvó a los marineros del escorbuto,
te bendijo con su Santa Pulpa.
No hay que llorar delante de los caídos en desgracia.
            Aun así, mis ojos cumplieron
                el antiguo rito de las lágrimas.

Dicen que las cosas pasan por algo
¡Basura, mentira, yo no hice nada!
Se han atrevido a decir que son los astros y los ancestros.
Quiero incendiar el registro civil
hacer añicos las actas de boda, nacimiento y defunción
obligar a todos a decir la verdad
llevar etiquetas que digan: ¡Precaución!

Lástima que nadie pueda leer las contraindicaciones
en el anverso de nuestro cuerpo.
como en un juguete nocivo.

¡Mala idea ataviar a los machos con el mejor plumaje!
Nadie piensa en sus mascotas
cuando sale por las mañanas al trabajo,
nadie lee los artículos del código penal
antes de acariciar un cuerpo
delicioso y delirante.

Dejaste a tu gato sin dueño
sin música de ballet
sin mimos cálidos
llorando a perpetuidad.

Padre repite como loro la salmodia:
"Hoy va a salir
Dios es su abogado"

Me pide que rece.
Me niego rotundamente.

Las monjas se robaron mi fe
al hacerme creer en un Dios voyerista
espectador de series de asesinatos
adicto al porno y la crueldad animal.

La profunda verdad religiosa se encuentra en la
múltiple traición de las especies
acompañada del canto de apareamiento de los gallos.

¿Qué hacemos mientras cumples condena?

Criar niños y flores
cuidar ancianos
leer nota roja
inventar cuentos
enterrar a los muertos,
cantar arrullos absurdos
ahogar a los pequeños minutos indefensos
pasearnos por los museos
leer por las noches hasta embrutecernos
embriagarnos frívolamente  para olvidar la zozobra
ante la contundencia del juego pendular de la muerte.

# ESPACIO EXTERIOR

*Y el alma superior es de las flores*
FEDERICO GARCÍA LORCA


*El peso del mundo*
*es el amor.*
*Debajo de la carga*
*de la insatisfacción*
*el peso*
*el peso que llevamos*
*es el amor.*
ALLEN GINSBERG

# PARÁFRASIS LORQUIANA PARA ESPANTAR LA (MI) (NUESTRA) ANGUSTIA

Cocodrilo llora lágrimas en forma de diamante
azufradas cebollas de Bohemia
leyendo la nota roja.
Cada noche en su pantano amanecen
cabezas de mirada sorprendida
despeinadas, sin voz, sin alhajas.
Él pregunta:
"¿Sabe tu madre que estás perdida?"
Su voz se vuelve sordina en el limo,
nadie, solo un ángel puede ayudar
a regresar el cuerpo al hogar,
y aunque Señor Cocodrilo viene de Egipto
no aprendió el arte de resucitar.
El lagarto está llorando
la negrura de su angustia,
la lagarta, esposa paleolítica
lo consuela con coplas
y tiernos poemas de Lorca.
Le oculta el periódico infame,
le regala revistas de moda
con joyas de Cartier con su enigmática y ancestral efigie.
Apenas así, duerme a la Angustia
y para un momento el llanto.
El lagarto está llorando
la lagarta lo está consolando.

Por tu causa hermano,
mi nombre caballo,
ha perdido su brío;
es tan ligero
que se lo llevan las bocas de las alcantarillas
es tan tenue
que se vela como vieja fotografía
es tan ligero
como la leche deslactosada
bebedizo de actrices etéreas,
vano como un almohadón
de pluma de ángel,
dudo hasta de que mi propia madre
lo reconociera ni escrito en oro,
sospecho que tampoco mi rostro
adusto y enojado pasaría
el reconocimiento materno facial
ni porque ella me trajo al mundo
muy temprano un día de otoño
(supondré, para no entristecerme
que es la amnesia post mortem).

Cuando el mundo nos deshidrate
como pasas al sol marroquí
y no quede agua por llorar
y ningún dios reconozca haberme bautizado
en la iglesia del Sagrado Corazón,

mi nombre de mal agüero
terminará en la basura
programa de mano
envoltura de caramelo
uña, calcetín huérfano
    y  nadie
    nunca
    vendrá
    a salvarlo.

# RECOMENDACIONES EN LETRA PEQUEÑA PARA NIÑAS PRECOCES

Desconfíen, niñas,
de las cosas brillosas
de las maneras matemáticas
militarizadas, policiacas
de los zapatos brillosos
de las asesinas cubiertas de los pianos
de las partituras nuevas
sin huellas de grasa en sus orillas
desconfiiiiiiiiiiiiiiiiiiien
de la persona que no bendice sus alimentos
los vomita y denosta,
de los hombrecillos que imitan a Jimmy Page
de las caderas de Jim Morrison
potentes decapitadoras de doncellas.
Las mariposas nocturnas
deletrearán su miedo eléctrico
a las flaneurs de suela gastada;
escúchenlas y síganlas.
Las luminarias callejeras
bajarán los watts
falsamente románticas, celestinas cómplices
para preparar sus almas.
Lleven su propia luz y su defensa
los sentidos como afilados escalpelos,
ropa y zapatos aerodinámicos.

No suban en el taxi rosa de Caronte
que va a la periferia de la ciudad
para masacrar las tiernas carnes,
a donde nadie escuche ni vea  nada.

Si olvidan estas advertencias
regresen y regresen al principio.
lean y vuelvan a leer las veces que haga falta.

El lóbulo frontal no madura
a la velocidad del deseo.

Hermano, la abuela ha muerto.
Enclaustrado, no pudiste despedirla.
Menos mal que ella hace tiempo habitaba el reino del
olvido y la infancia.
A mi abuela la enterraron
el mismo día
en que nació Beethoven.
En el cementerio
tocaban música de banda
con acordeón y guitarra.
Y ahí quedó el montículo
majestuoso del cuerpo
que dio la vida a mi madre
sabroso sustrato alimentado
de maíz y mole.
Si bien no alcanzó la gloria
del ceñudo y adorado compositor
su hazaña de alimentar y cuidar
a once hijos y dieciséis nietos
bien le valdría un monumento.
Abuela futbolera,
olla de frijoles
tienda de abarrotes
jamás me regañaste
de ti solo recibí
abrazos cálidos y café con leche.
Alrededor de la tierra
que te descompone
crecerá la yerbabuela.

Me pregunto esta noche de otoño
por mi Inocencia.
Rompí espejos y platos al por mayor
abandoné a quien me amaba
perdí los aretes de boda de mi madre
besé a un hombre que no me pertenecía
mi sexo no tiene remordimiento
fui madre sin la bendición eclesiástica
no fui buena estudiante
estoy graduada en vagabundeos sin rumbo.
No tengo abuela ni madre que me reprenda y guíe,
vamos solas Conciencia, Sombra e Incertidumbre.
Despedí a mi ángel de la guarda
estupefacto ante su prematura jubilación.
Ya no sopla en mi nuca su aliento mentolado
no tararea la canción de cuna de Brahms para arrullarme
era bellísimo, como pintado por Rembrandt
pero sus alas lucían desprolijas
de tantas batallas cuerpo a cuerpo con mis demonios.
Le he abierto la ventana, mi alma no será una jaula
para palomas.
Me besó dejándome los labios impregnados de polen.
¡Ángel mío, loco de afanes
bienaventuranzas y exorcismos!
Emprendió el vuelo con la gracia de las cigüeñas
nos dijimos adiós con el parpadeo húmedo
de nuestros ojos.
¿Hacia qué primitiva deidad alzaré mi plegaria
sin rosa de los vientos, sin guarda ni carta astral?

Víctima de la ociosidad
mi nuevo pasatiempo
es apresar con codicia
las hierbas carcomidas y rotas
encontradas en las orillas del camino;
ya no busco los ejemplares perfectos.
Las llevo a casa a escondidas de los ecologistas
mis manos se han vuelto las tapas
de un enorme herbario;
les robo el último verdor
prometiendo la inmortalidad
sin la resurrección.
No, no es por la ciencia
solo un capricho por sus siluetas.
Le abrí la puerta a la Crueldad
al ser yo misma desterrada de los múltiples paraísos.

Ignoro de dónde nace esta necedad
de matar, apresar y clasificar.
¿Acaso debo pedir clemencia
al pequeño dios de la maleza?

El panal penitenciario
está lleno de zombis deshidratados
que fingen vivir con normalidad.
El cemento hostil nunca ha reeducado a nadie.

# QUINTO INVIERNO

Hermanito:
Quiero hacerte una prenda que te proteja
del sarcasmo
del frío del sur
de las espinas de Narciso
de las preguntas groseras
de la sonrisa de los cuchillos
de los maledicentes carteles callejeros.
Si sobra un poco de género
me haré una bufanda serpiente
para no exponer mi cuello
a la decapitación que producen
 las palabras mal dichas.
Lástima que no puedo protegerte
de tu naturaleza soberbia y temeraria.
Estás condenado a vivir fuera
del mandato de lo femenino
obligado a comer y dormir entre los hombres
que no escucharon nunca hablar de Beethoven
ni tampoco les gusta bailar, ni los libros, y no te aman.

No soy como la hermana de Nietzsche, nunca te querré tanto como para hacer tu archivo, ni como la hermana de Rimbaud que santificó al explorador moribundo; no, no eres ni filósofo ni poeta.

La poeta soy yo, cantando esta maldita gesta carcelaria. Estúpido artista maltratado, todo lo diste, llegando casi a la inmolación.

No quedó ni rastro de tu sudor por los teatros, apenas el vestigio de tus zapatillas rotas, nada, ni tampoco de tu madre, nuestra madre, bajo cuya falda de paraguas refugiabas tu frustración.

Ahora dependes, como decía Blanche DuBois, de la generosidad de los extraños.

Alguna vez lo fuimos:
fetos analfabetas
escuchando partitas de Bach
en el vientre materno, la sala de conciertos
de los más finos sonidos amnióticos.

Luego vino el balbuceo incomprensible
el murmullo de la voz de la madre
mientras barría o lavaba la ropa
recitando a seres desconocidos
nunca sabremos qué...
Después entramos
en la edad de la lectura omnívora
encontrándonos con los poemas prohibidos
fotos de desnudos, y cartas
escritas a otro hombre, que no era
de ningún modo nuestro padre
junto al libro de enfermedades contagiosas
las venéreas junto al infantil sarampión.
Las imágenes nos perseguirán
con la originalidad del pecado.

Ahora he incubado
el sonido, la palabra, un bebé
lo inconfesable de un poema
que sonrojará a mis nietos
como yo me sonrojé al ver a mi escultural madre
desnuda en una fotografía oculta.

# LEO EN LAS NOTICIAS:

LOS RECLUSOS MÁS PELIGROSOS NO PUEDEN LEER
CUALQUIER LIBRO
Están prohibidas las revistas de reparación automotriz,
libros eróticos como el de *Cincuenta sombras de Grey*, e
incluso los libros de arte. No sirve de nada protestar, el
derecho del lector también ha sido anulado.
En las cárceles de Estados Unidos se prohíbe leer *Ramen
en prisión* o *Manual de cocina del anarquista*.
  Extrañamente, está más que aprobada la prensa de
noticias frescas y carniceras para el consumo del jardín
de infames.

Muchos apenas balbucean, no saben leer "de corridito"
y otros quisieran dar uso al nuevo reloj que los gobierna.
El libro, eterno vehículo de conocimiento, peligro para
las mentes dormidas, eterno enemigo de los políticos
serpentinos.
  Larga vida para los encuadernados en rústica, de bolsillo,
enciclopédicos o incunables.

  Mientras pueda, llevaré libros en mi canasta, para que tu
espíritu resista y no se seque en el desierto del cautiverio.
Triste es este drama humano de novela de intrigas por
entregas, donde ni la inocencia de la página se salva.

¿Existirá algo menos triste que sea este homo sapiens
sapiens erratum, error de la clasificación darwiniana?
Sería un placer ser de otro reino.

He comido letras y números
deshojado la margarita
de lo justo y lo absurdo
 aunque no te exculpo del todo,
has derramado un tintero
negro marfil
en el agua inocente.
Los tentáculos de los jueces alcanzan
los siete días de la semana.
 En el octavo,
¿con qué tripas sonará mi música?
Violenta gatería disonante.
No se hacer otra cosa
solo tocar sinfonías infinitas
leer partituras manchadas
con soles de dígitos grasientos.
No me sirve Bach,
 me lastima su perfección espiritual
 soy una flecha en sentido contrario
 una intrusa en el mundo de los santos.
Escondo tu encierro a los otros, como un cuervo
 escondería una alhaja robada.

El problema de la lengua poética
es El Poeta y sus labios de letrina,
garganta de cloaca, lengua bífida
 eructo constante de mentiras y pretextos
 hoy dice: "Fue Adán fue Eva fue Satán",
mañana hará sonetos de fuego y carne.

El problema de los textos sagrados
es la perversa fantasía
de los evangelistas.
Los ángeles son samuráis
disfrazados de seductores
portadores de las semillas y azadón
para embarazar vírgenes y sembrar dudas teológicas.
"Si te ronda una paloma,
mátala antes de que defeque su gracia
sobre tu cabeza".

El problema de los discursos de los reos
es la niebla mental
más negra que la de Londres en invierno
dicen que levitan, que ven el futuro
y ven divinidades en la carcoma de los muros,
cantan narcocorridos actúan de payasos
dan volteretas tomados de los pies
bufones obscenos
que olvidan su prótesis roja
en cualquier espalda.

No sé dónde poner el signo de la risa
en los problemas de álgebra de los martes y sábados
de visita.

La Comisión de Aguas anuncia:
El embalse del Cutzamala tiene el nivel más bajo
desde hace 27 años.
Habrá cortes de agua en toda la ciudad.
"Restrinja el uso de lavadoras y procure bañarse
rápidamente".

Me siento a escribir, temerosa de tener sed de palabras.
El agua de mi mente, ruido marino, gritos, ronroneo
nocturno, pasea libre por las tuberías.
La sequía guarda silencio, un silencio araña,
silencio siniestro.
Tal vez no me guste tanto la asepsia del silencio.

Nada tan terrible como extrañar el agua de la voz,
la presencia y la palabra.

Mis oídos de señorita,
cócleas refinadas
sibaritas de bocado fino
soportan hasta la náusea
la inmunda  polifonía:
Cumbia, salsa, rock, pop, balada cristiana,
soliloquio de payasos…
Salgo pensando: "es la última vez que vengo".
Si los cuadros de Hieronymus Bosch tuvieran algún sonido
¿Ya lo dije? (me he vuelto estúpidamente reiterativa)
serían estas ínfimas cacofonías carcelarias…

## LA INAUDITA SORPRESA
## DE UNA LECCIÓN MÁS

Hermano:
Se metió en mi casa un lobo
habla con mi hija
cuando dormimos
ayudado por la fibra óptica.
Lo quiero cazar
pero la justicia es un lujo
que no puedo darme.
Pequeña, pequeña lobezna
aspirante a caperucita
cree que el amor salva a los lobos
de su mísera vida, de sus carnicerías,
de la depredación,
 no, nunca será así.
¿A quién se le ocurre violar
la secreta noche de la adolescencia?

San Francisco veía deidad en todos los animales:
tenía razón el fratello.
Perdóname, Santo, por comparar a un endemoniado
con los honorables lobos.
No sé cómo nombrar a esas bestias
que le roban a las niñas el final
de los cuentos de hadas.

La infinita búsqueda de nínfulas
de los malditos cazadores de mariposas
me hace perder la poca bondad
que guardaba en el fondo de mis bolsillos,
habitados por pelusa, tickets y envolturas.

Tendré que aplicar nuevas teorías evolutivas
¡otra vez!
para las fieras que habitan
este mundo de maldad banal.

Al menos
déjenme armar y desarmar mi tristeza
como una pistola oxidada de viejo policía

al menos
déjenme llorar
sobre los bosques de expedientes
del ministerio público.

al menos
déjenme llevar mi amargura
por todos los mapas
y las calles de niños héroes y suicidas.

Las Señoritas Burocracia y Justicia
salieron de paseo
con los vestidos manchados de mierda.

El bumerán de la piedad
me ha golpeado en la cara.

El misterio entra en casa
como semillas voladoras de fresno.

A coro cantan las matrices y las trompas de Falopio
la novedad de su biología.
Ahí están, dispuestas a solfear
los reguetones que hagan falta
hasta convertir a las asexuadas Kores
en jóvenes que regalan la juventud de sus rodillas.

Quiero callar esa música del cuerpo
que brota de la noche, donde, tal vez,
mi amor materno ya no alcance.

Señor Licenciado:
Buenas tardes, me presento
soy la hermana del desafortunado "Don Juan"
 ya sé, no puedo pedir nada, porque defendí,
parcialmente, su inocencia,
pero lo hago desde ese cordón umbilical
que hace las veces de telefonía humana,
uniendo a los padres en cofradía.
¡Condene a ese hombre,
seductor marrano,
que se aprovechó de mi niña
con su falso disfraz de Orfeo!
¿Es lícito pensar
que sus largas cabelleras y sus sexos drogados
pueden mancillar cualquier fruta,
pedir una foto de las partes más tiernas de una niña?
Ni mi Angustia ni mi Ira tienen dirección.
¡Malditos artistas que se sienten dioses!
¡Malditos sean, ojalá el presidio los alcance!

Mi veredicto es:
los hombres, algunos de ellos
sus cerebros y sus genitales
serán aguacates que jamás
madurarán ni envueltos
en periódicos de nota roja.

No soy tomada en serio
la respuesta me vuelve iracunda Démeter.

Los del Ministerio Público me disuaden:
"Tal vez la responsable es la niña, debió de vigilarla mejor".

Nuevo veredicto: Soy/ somos/ seremos culpables.
Bajo otro piso más del inframundo.

Ahora soy
una flor metida en la lavadora
del suspenso y el odio.
Quisiera un metrónomo
que perfeccionara el tiempo
que hoy se me antoja agónico
pedir en préstamo alguna sinfonía de Bartok,
 tiempo violento, tiempo de guerra  Shostakovich
haciendo brillar los metales de circo
dictando el pulso para cada criminal
tac tac tac tic tac tac tac tic
Adagio, presto ma non tanto
¡Un guionista que escriba
mis diálogos cotidianos
las palabras justas
para no ser injusta!
Para no estallar, para no chocar
sobre esta infinita tristeza
que baña la luz en todas sus vueltas.

No conozco el método,
no tengo tregua ni una cura para liberarme
de esta sucia idea de Venganza.

La Vergüenza hace su entrada teatral,
creí haberla dejado atrás, allá en mi infancia
pero es plomiza y persistente
como las cucarachas en la cocina
 las hemorroides y la sífilis
la sangre menstrual que mancha la ropa
 un acorde en el gran silencio
 tan incómoda como amamantar frente a extraños
 caerse frente a alguien que nos gusta
o  sonrojarse al decir mentiras.

¡Qué vergüenza!
Soy mi propia evidencia,
un verdugo severo
una deidad furiosa de mil caras
que quiere dar muerte, castigo e indulgencia
en un tiempo perfecto.

Mientras escribo, en la oscuridad
se encuentran cientos de huesos, dentadura y zapatos
se apagan miles de corazones con violencia
se enamoran millones de niñas de hombres de corazón
negro
se decepcionan del amor billones de muchachos
lloran y lloran trillones de madres dejando una salinera
por los ministerios públicos, las morgues y los desiertos
 quintillones de oídos de psiquiatras escuchan la rotura
de las almas citadinas
recetando antidepresivos a mansalva.
Dudo de la fertilidad de la tierra y la potabilidad del
agua, de la salud del aire.
Mis penas son una trivialidad
si las comparo con las Anna Karenina o Gregorio Samsa.

Si alguien me radiografiara, encontraría
 mi alma tumefacta y vendada de momia.


Vivir dentro de las murallas de esta patria
es otro cautiverio.

# DEFINICIÓN DE LIBERTAD
# ENCONTRADA EN UNA CAJA DE HUEVOS
# MARCA "GALLINITA LIBRE"

¿Cómo puedes saber que soy una gallina criada
en libre pastoreo?
Desarrollo los tres siguientes instintos naturales:
Me baño con tierra
Intento volar
¡Camino aunque parezca normal, no todas las gallinas
tienen la misma suerte!

Libre de jaula/ alimentada con granos/sin antibióticos.

# PAUSA PARA MIRAR

Las bailarinas de Degas bostezan, se peinan,
se estiran, leen el periódico,
voltean a todos lados menos al frente.
No prestan atención al maestro ni al perrillo.
Por ahí están escondidos los señores burgueses,
buscando a la más hermosa
para jugar con ella a cambio de unos francos.
Miro el ensayo, el tutú corto descubre las piernas aún
torpes, parecen flores con el tallo boca arriba.
Sus figuras aún de niñas gobiernan la gravedad
(tienen la edad de mi hija).
Sus parejas las arrojan como granos de trigo a los vientos.
El destino es la ignición si son elegidas
o la inanición si no lo son.
El futuro alimenticio depende de ellas,
sus madres lo dijeron.
Vestirse de seda hace que las velas,
además de los varones lúbricos,
quieran lamer su cuerpo en un abrazo caliente.
Sabemos lo que sucede tras bambalinas.
Emma Livry, la primera "Sylphide" será consumida
por la luz como cualquier polilla, su atuendo incendiado
por una lámpara.
Las niñas de Degas bailan por los museos más famosos.
La pequeña bailarina de cera, a la que llamaron
"cara de mono" es una celebridad.

Los años son perezosos para poner en La Historia (así, con mayúsculas) a las heroínas.

Me desperezo como las pequeñas bailarinas, me estiro, cierro *El libro de los secretos de las obras de arte*.

¿Qué ha cambiado en la mirada?

Estoy cansada de ser una vaca rumiando pensamientos.
Me duermo hecha un ovillo
intento seguir el metrónomo de mi corazón,
me acuno en un librero, me presiento larva.
Algo se retuerce, se incomoda ante la pasividad.
Intuyo un nacimiento, voy a parir, parirme a mí misma,
mi vientre está inflamado.
Voy a nacerme, no hay otra posibilidad.
Abandono el cautiverio y el juzgado
el gran peso filial y materno.
Soy una recién nacida,
me cubro con ropas suaves y amables,
las hormigas me limpian
me pulen con sus fantasías geométricas.
Poseída por un verdoso brote psicótico,
he reparado mi psique de soldado.
Mi costillar no puede ser encierro,
la armadura me queda grande.

Regalo la libertad a mi hija
para que siga hablando con los muertos
y adquiera el aprendizaje forzoso
de esquivar psicópatas y depredadores;
que su capullo de ninfa caiga a los pies de la cama
si lo considera óptimo y propicio.
Solo ella puede saberlo.
La acuné y arropé, bendecida con leche y cuentos;

no tengo otro regalo que mis brazos
y mis advertencias.

Regalo la libertad a mi hermano
aunque sea metafísica, virtual,
lo libero de la obsesión de pensarlo
no puedo cuidarlo como cuando éramos niños.

Después de siglos de servidumbre y sumisión
mis laboriosos ovarios están afónicos.
Las diferentes edades que viven en mí como en una matrioshka
tendrán que protegerme hasta mi siguiente muerte,
así que tejeré cordones umbilicales de plata 925
vínculos secretos y amnióticos
con mis antepasados.
En la contemplación de la ruina
arreglaremos el manto de la realidad.

Maravilloso sueño reparador, premonición de futuro
que busca la simpleza, el regreso bendito
y humilde a lo cotidiano.

Si no me transformo en Habilidad,
una Aracne de ocho patas, cuatro ojos,
me aniquilarán los calendarios
mi Atención será deficiente
y no podré lidiar con los demonios
que acechan a mi niña y mi casa.

Rosa Luxemburgo,
nenúfar de los canales de Berlín,
presa ilustre y ejemplar
alegría de los custodios
cofrade de los herbarios
hacedora de lo justo.
La proletaria que soy está exhausta.
Lavo la ropa, barro la casa,
me mantengo con mi canto
como las cigarras,
estudio y leo, ayudo a mis semejantes,
cumplo las bienaventuranzas,
preparo la sopa y el café,
honro a los muertos y soy buena ciudadana.
Incluso ofrezco mis cabellos
como paja de los nidos.
Hoy necesito tu ayuda
tomar prestado tu vestido
alegría y coraje,
para seguir con la limpieza de la maldad y el polvo,
y no huir a latitudes irremediables.
Seguramente, hoy te habrías servido
de las redes sociales
para dar golpes revolucionarios magníficos,
pero en mi caso, solo han servido
para robar mi precaria tranquilidad
y entristecerme profundamente.
En el presidio algunos hombres

fabrican rosas rojas de papel
las venden como la flor eterna;
he comprado un par de ellas
para que en su encierro, el varón sienta
que vale la fuerza de su trabajo.
También me ocupo, desgasto mi cuerpo
para no sentir el golpe de lo absurdo
en mis neuronas.

*Junius,* dime,
¿cómo debemos construir las proletarias
un jardín de niñas?
Dudo entre lo silvestre y el invernadero.
Desearía senderos seguros para ir a la escuela
laboratorios para experimentar la vida,
las ciencias exactas y el amor,
pero la cinta amarilla de ¡Precaución! me advierte.
Los tiempos siguen siendo brutales,
el aparente estado de bienestar
no alcanza para regalar la libertad
a las más jóvenes, así que solo damos
pequeñas dosis, suplementos míseros.
Tenemos miedo de ella, La libertad
estatua verdosa de Manhattan,
regalo explosivo y divino.
Me confieso:
así como Circe convirtió a los marinos en cerdos
he descubierto que quiero ser convertida
en una hermosa gallina de libre pastoreo
ponedora virtuosa, lustrosa y negra.

No quiero traicionarme
ni matar la bondad más íntima,
quiero el grano de la mano adolescente
de mi pequeña caperuza
que así aprenderá a conquistar
la tierra y el trigo bajo sus pies.

Otra solución no hay
porque si no odiaré a los que amo;
la tristeza de los presos
la nota roja de prensa
la Deshonestidad de los gobiernos,
se me ha vuelto Intolerancia.

No quiero que lo injusto
me vuelva injusta.

Atravesando el camino
hemos perdido los dientes y la cabellera
el colágeno y la finura de los rasgos.
La línea recta solo ha servido
para trazar carreteras,
la corta herencia se esfumó,
las migas no alcanzan para alimentar tantos cuervos.

Cuando salgas, hermano,
un hecho que está en las probabilidades
millonarias de la lotería
 y en los anhelos de nuestro padre,
ya nada será apremiante.

La vejez y la sabiduría
nos abrazarán con lentitud
recorreremos todas las pequeñas librerías
con maletas vacías para llenarlas de novela y poesía.

El sueño de ser un ave de corral
se evaporó con mis miedos.
Mi único título nobiliario: humana.

Pero las penurias, con perdón, necesitan vacaciones.

Me voy de viaje, necesito una tregua
del principio de realidad
que me ha noqueado con la saña de un boxeador

conquistando el campeonato mundial.
Visitaré a los viejos maestros,
a Bach y Schumann
miraré a Rembrandt a los ojos
recogeré hierbas de otras latitudes;
de regalo traeré la más extraña que encuentre
con una postal de Chagall, tu pintor favorito.

Volveré, lo prometo
es solo una pausa a la ira y la injusticia.
Como decía Rosa Luxemburgo
"Fui, soy y seré"
una de tus tres hermanas de la guarda.

*Hermano,*
*quién iba a decir*
*que te escribiría un libro de poemas*

# ÍNDICE